AF509399

LORIENT

LORIENT

A MONSIEUR E. MOMBLET,

A Saint-Pierre-Martinique.

—

Vos ravissants détails sur la ville de Saint-Pierre ont réveillé en moi mille souvenirs ; ils ont fait miroiter à mon esprit fasciné des tableaux que j'en croyais effacés pour toujours. Ah ! les belles heures, les heureuses années passées sur cet Océan qui gronde entre nous aujourd'hui ! Combien de rêves d'or... de réalités décevantes !

La jeunesse prêtait alors sa grâce légère à toutes choses : — aux îles, aux cités, aux fleuves immenses, aux mers sans bornes. Point d'horizon noir parmi les horizons! point de mer sombre parmi les mers! Fatigues, privations, souffrances s'oubliaient au premier vent favorable, au premier port hospitalier, — comme elles s'oublieraient volontiers à la lecture de vos lettres charmantes.

Avouez-le : — la marine est pleine d'attraits, de séductions irrésistibles. Qui ne se souvient de ce livre innocent, la fête de l'enfance, *Robinson* aux étonnantes aventures, et de ces voyages aux contrées lointaines, où les enchantements se succèdent à chaque page? Eh bien! on les retrouve sur le pont qui chancelle, à la grande voix du vent dans les manœuvres, en face de la mer majestueuse ; et rien ne manque à l'illusion, — pas même le fidèle Vendredi !

Embarquons donc encore. Peut-être ne verrons-nous plus que l'esquisse des brillants tableaux d'autrefois; mais qu'importent des couleurs fugitives lorsqu'on se rappelle ses jours heureux !

Et si quelque fâcheux se prenait à sourire de cette navigation fantaisiste, datée des bords de l'Ouche et du Suzon, comme on lui dirait que la Bourgogne se glorifie de ses marins ; qu'elle a vu naître les amiraux Jean de Vienne, Chabot et Roussin ; les vaillants capitaines Thurot et Landolphe, l'historien Jean de Léry, l'intendant Maillart du Mesle, et que ses Etats ont toujours envoyé des vaisseaux à nos flottes belliqueuses !

Non , parler de la mer n'est pas un anachronisme pour un Bourguignon; et, si la Bourgogne reste notre port d'attache, quelle douce navigation, quelle joie d'y attérir ! Nulle crainte, nul désespoir en ces attérissages propices ! Dussions-nous être drossés sur la côte et échouer sur les écueils, fameux par tant de naufrages, de Corton ou de Chambertin, nous rendrions grâce aux dieux cléments de notre infortune, — et je réponds de l'équipage.

Partons donc ! Dormir plus longtemps

sur son fer, suivant la poétique expression des jugements d'Oléron, serait pernicieux, — surtout quand la voile est déferlée, quand la brise est favorable, et quand le canon de partance gronde aux échos sono- res de la rade.

Mais quoi, des scrupules? Marin à vos heures, vous voulez procéder méthodique- ment, enregistrer sur vos tables de loch les *pourquoi* et les *parce que* de toutes choses; n'aller au large qu'après avoir étudié le port, armé le navire, embarqué votre bis- cuit?

Soit ; j'y consens.

Et nous commencerons, s'il vous plaît, par la plus jeune, la plus coquette de nos places maritimes de guerre, par la gracieuse ville de Lorient si connue dans les rondes enfantines :

> Allons à Lorient
> Pêcher du hareng !

Son origine n'a pas le triste mérite de se perdre dans les brumes insondables des temps celtiques. Le duc de Duras, syndic de la Compagnie des Indes, la tint solennellement sur les fonts baptismaux en 1721, malgré le baptême précédemment donné par madame de Sévigné, « la tant spirituelle marquise. »

C'était un homme de beaucoup d'esprit, M. le duc de Duras. Il immortalisa le nom de sa puissante Compagnie, flatta une famille trop célèbre, et, ô bonheur indicible ! il s'attira les bénédictions éternelles des archéologues, tout en donnant un nom harmonieux à sa filleule.

Lorient rappelle en effet un château féodal, une aire redoutée qui s'élevait à l'embouchure du Scorff, sur l'emplacement même de la *Tour de la Découverte,* si belle au milieu de ses arbres touffus. Ce château portait un nom barbare : Loc-Roch-Yan, et appartenait de toute ancienneté aux Mériadec-Guéméné, une des plus puissantes familles de la vieille Bretagne.

Un cadet des Mériadec-Guéméné reçut

en apanage le Roch-Yan, et soudain, reniant sa religion, il se jette à corps perdu dans les batailles, dans les intrigues, dans les conspirations, et fait retentir, d'un bout de la France étonnée à l'autre, le nom de Rohan. Que dis je? Sans l'heureuse intervention de saint Bernard, l'illustre enfant de Fontaine-lez-Dijon, qui octroya un fils à Henri IV comme il en donna un plus tard à Louis XIII, — à quoi les saints s'occupent là-haut pourtant! — sans cette intervention miraculeuse, Rohan ceignait la couronne de France! (1)

C'est probablement après cette déconvenue qu'il prit l'orgueilleuse devise :

Roi ne puis, Prince ne daigne, Rohan suis.

Oui, vous êtes Rohan! et les conspirations, les débauches, les banqueroutes de vos descendants ont donné un tel relief à

-----

(1) Il fut l'héritier présomptif de Henri IV, jusqu'à la naissance du Dauphin, depuis Louis XIII.

ce nom, qu'il ne rappelle aujourd'hui que des souvenirs de mépris!

La compagnie des Indes était toute puissante en 1721 et Lorient devint son entrepôt général. Les Indes! les Indes! ce mot éveillait des convoitises sans nombre; il faisait bondir les cœurs, et des gens de toutes les conditions accouraient à Lorient, des quatre vents du ciel, pour s'embarquer sur les vaisseaux de la Compagnie.

Hélas,

Combien ont disparu, dure et triste fortune!
Dans une mer sans fond, par une nuit sans lune,
Sous l'aveugle Océan à jamais enfouis?

C'est fâcheux, car nous avions peut-être des *oncles d'Amérique* parmi cette foule malade de la fièvre de l'or, oncles qui certainement nous auraient noyés dans des lacs de roupies!

Une exception pourtant. En 1750, un jeune homme arrivait à Lorient, mêlé à une bande d'aventuriers. Sa mise était pauvre, sa figure honnête, intelligente...

Il prend place comme simple soldat à bord
d'un navire en partance, et, — ô surprise !
— chacun s'incline devant lui, une cham·
bre lui est donnée, il a son couvert mis à
la table même du capitaine ! Jamais il n'a-
vait fait de rêve plus charmant dans la
longue série de ses rêves. Ce jeune homme,
c'était Anquetil-Duperron. Il rapporta de
l'Inde un de ces trésors qui ne craignent ni
la rouille ni les voleurs, à savoir, la tra·
duction du Zend-Avesta !

Le Scorff aux eaux claires roulait de l'or,
le Blavet enchanté coulait sur un lit de per-
les fines ; tout était heur et joie pour la
jeune et jolie ville, sous la tutelle de la
Compagnie des Indes. La rade creusée, les
quais s'élevaient par enchantement, et, à
chaque heure, un pavillon flottait sur la
Tour de la Découverte, annonçant des bâ-
timents richement chargés, qui, toutes
voiles dehors, venaient verser dans ses vas-
tes entrepôts, les trésors des contrées du
soleil.

Comme elle était fière alors, la ville de Lorient ! comme elle levait haut la tête devant ses sœurs de Bretagne !

Et quelle joie, parmi toutes ces joies, quand à la jeunesse, aux honneurs, aux richesses elle put ajouter la gloire... la gloire d'avoir, seule, repoussé une invasion anglaise !

Toujours jalouse. l'Angleterre enviait la prospérité de la Compagnie des Indes. Aux conquêtes si vaillamment disputées dans l'Inde par La Bourdonnais, Dupleix, Lally-Tollendal, elle voulait préluder, en 1746, par l'anéantissement de Lorient. Une flotte est armée dans ce but ; des troupes sont jetées à bord, et un vent favorable pousse ces voiles perfides sur les côtes de France.

A l'embouchure de la rivière de Quimperlé se creuse une petite baie, connue sous le nom d'anse du Pouldu. L'amiral Lestock y débarque sept mille hommes sous les ordres du général Sainclair, qui marche aussitôt sur Lorient.

La ville était sans défense. Le comman-
dant, un L'Hospital, rassemble à la hâte les
ouvriers, les paysans ; il leur met entre les
mains tout ce qu'il peut trouver : — mous-
quets, piques, fourches, faulx, et, ainsi
équipés, les mène à la rencontre de Sainclair.

Ah ! les beaux soldats du pape ! et comme
ils étaient taillés pour cueillir des lauriers !

En face de l'ennemi, — un ennemi fé-
roce, impitoyable, — ces guerriers impro-
visés tremblent ; les armes échappent à
leurs mains inexpérimentées. L'Hospital a
beau crier : — En avant ! en avant ! il les
voit faiblir, plier, prêts à s'enfuir. Le désespoir dans l'âme, il ordonne alors à ses
tambours de battre la chamade.

Les tambours, novices aussi et si trou-
blés, hélas ! battent la générale... Qu'est-ce
à dire ? L'armée de Sainclair, surprise de
tant d'audace mêlée à tant de peur, croit à
un piége. Elle doute, elle s'ébranle, elle
recule ; les Lorientais, étonnés eux-mêmes

de ce vainqueur fuyant, retrouvent du courage ; ils deviennent assaillants, et, sous leurs coups terribles, l'Anglais précipite sa retraite vers ses vaisseaux, jonchant la route de cadavres.

· C'était une victoire complète, inespérée : un fait d'armes à graver sur l'airain ! Eh bien ! les Lorientais furent ingrats. Ils encadrèrent à la chaux un boulet ennemi logé dans une maison du quai, et oublièrent leurs victorieux tambours.

Ils avaient cependant. les premiers, risqué leurs peaux dans l'affaire !

La perfide Albion eut sa revanche de cette déroute, — une revanche scientifique, charmante ! Un de leurs astronomes, Halley, avait prédit, en 1705, que Vénus passerait sur le disque du Soleil le 6 juin 1761. Grande rumeur chez le monde savant ! Ce voyage de la reine d'Idalie dans les domaines d'Apollon devait cacher bien des mystères ; et qui sait ? peut-être serait-elle court-vêtue. Cette idée faisait passer des rougeurs fugitives sur ces fronts creusés par les veilles ; elle faisait battre ces cœurs desséchés par l'algèbre. On n'y tient plus. Il faut voir Vénus à tout prix, et le sort désigne pour cette faveur trois illustrissimes savants : Le Gentil de La Galaisière, le P. Pingré et Chappe d'Auteroche.

Chappe se dirige sur la Sibérie ; Le Gentil et le P. Pingré s'embarquent à Lorient, munis des meilleurs souhaits de leurs confrères de l'Académie des Sciences.

A peine à l'Ile de France, les tribulations commencent pour Le Gentil. C'est de Pondichéry qu'il doit guetter le saut périlleux de Vénus, et aucun navire ne veut l'y conduire, tant est grande la crainte des Anglais. Enfin il en trouve un, mais les vents contraires arrivant, il était encore en mer le 6 juin.

Qu'importe ! il attendra. Une seconde promenade de Vénus est annoncée pour 1769 : il faut la voir ou mourir. Ah ! que les heures sont longues dans l'attente !

Cependant elle arrive, cette année tant dési-
rée, et il eût fallu voir l'astronome net-
toyant, organisant, braquant ses instru-
ments, se frottant les mains en admirant la
pureté du ciel! Hélas! le 3 juin 1769, Vénus,
qui sans doute se souciait peu d'être exa-
minée au télescope, se voila pudiquement
d'un nuage.

O désespoir! un voyage de dix mille
lieues et un séjour de neuf années dans les
Indes, pour revenir avec un nuage sur le
cœur !

Le P. Pingré fut presque aussi malheu-
reux. Abandonné à l'île Rodrigue, il y
souffrit des angoisses de la faim, fut pris
par les Anglais, relâché, repris encore, et
ne revit la France qu'après mille péripé-
ties. Il apportait, comme suprème consolation à tant de misères, le bonheur d'avoir
aperçu la cruelle une seconde.

Ah! comme Halley devait ricaner dans
sa tombe !

Cette même année 1769, la Compagnie

des Indes faisait un immense naufrage, et
Lorient voyait les années d'épreuves suc-
céder aux années de prospérité. Ses hôtels
étaient vides, ses rues désertes, son arsenal silencieux. La misère hideuse tendait
sa main amaigrie à tous les carrefours.
Triste spectacle, une ville soudainement
tombée de l'extrême richesse à l'extrême
pauvreté !

Jeune, forte, ingénieuse, la filleule du
duc de Duras, laissant de côté ses souvenirs, ses parchemins inutiles, son préten-
tieux blason, prit alors les filets du pê-
cheur et gagna promptement ses premières
sardines.

Aujourd'hui elle commande à toutes les
pêcheries de ces côtes ; ce qui ne l'empêche
pas de se mettre parfois les poings sur les
hanches, et d'armer de beaux vaisseaux
qui combattent vaillamment les ennemis
de la France.

C'est d'ailleurs une ville heureuse, pleine
de joies innocentes, de fêtes rustiques.

Sous les pommiers touffus, le biniou nazillard, la bombarde éclatante font gambader les danseurs avec l'air si populaire :

An ini goz è va douç !

et des joueurs de boules encombrent tous les chemins creux des environs. Le cidre ruisselle de Kernevel à Kerentrech, du pont de Saint-Christophe à Plœmeur... et tant de rondes malignes, pour fêter le doux jus de la pomme, cet éternel désespoir de notre mère Eve !

Lorient est une des villes privilégiées où les amours ne craignent pas le grand jour. Aux bals, aux pardons, sous les allées ombreuses de Merville ou du cours Chazelles, on ne rencontre que jeunes couples qui semblent ne pas vivre de la vie commune, et parmi lesquels les matelots dominent.

Il ne faut pas se figurer ici le matelot brutal et tapageur de Brest et de Toulon, le loup de mer en bordée faisant fuir soldats et gendarmes, — mais un être aussi poli que le comporte une instruction taillée à coups de hache, et timide comme un kloarck.

Ces natures abruptes, façonnées pour les luttes de l'Océan, elles se transforment sur les bords du Scorff. La petitesse de la ville les gêne ; sa tranquillité les paralyse ; les beautés pittoresques des environs les adoucissent.

Le Breton têtu, le Provençal effronté, le Normand raisonneur, le Gascon jovial finissent par s'entendre à Lorient. Peu à peu ils abandonnent l'eau-de-vie pour le cidre pacifique, les querelles avec les *terriens* pour les parties de boules.

Ceux qui ont une figure intéressante et qui ont encore *liberté de manœuvres*, se faufilent dans les sociétés de *pennérèz*, de jeunes filles à marier ; ils vont boire sentimentalement le lait de mai au printemps, et, l'été, ne manquent pas un pardon.

Fidèles habitués des bals des environs,

ils dansent sans se plaindre pendant une demi-journée pour, le soir venu, ramener chez elle leur pennérèz rougissante, qui écoute en souriant de galants propos, bizarrement assaisonnés de jargon matelotesque.

Ce n'est pas une ville débauchée, Lorient, et le matelot est peu séducteur de son naturel. Quand une jeune fille lui plaît, il lui fait la cour, et, une semaine ou deux avant le départ de son navire, il l'épouse.

Tout cela pour le plaisir de lui envoyer sa *délégation*, et de revenir, après une campagne dans les mers du Sud, embrasser un mousse, — quelquefois deux ou trois, — pour lesquels il se sent toujours des entrailles de père.

Si tous les ports étaient comme Lorient, le problème du recrutement de la flotte, si difficile à résoudre, trouverait bien certainement sa solution.

Au premier signal, les matelots encombreraient les ponts de nos puissantes escadres, et ce ne seraient pas des matelots ordinaires, — « les Venètes modernes sont comme leurs ancêtres, plutôt des hommes d'action que de rêverie! » — mais des marins courageux, énergiques comme celui à qui la marine a érigé un bronze monumental sur la plus belle place de Lorient.

— Pilote, — disait Bisson à Trémintin, — si nous sommes attaqués par les pirates et qu'ils réussissent à s'emparer de ce bâtiment, jurez-moi de mettre le feu aux poudres, si vous me survivez.

Les pirates arrivent au nombre de soixante-dix, sur deux mistics. Ils accostent le *Panaïoti* par l'avant et par la joue de bâbord, et malgré l'énergique défense de l'équipage, composé de quinze hommes, ils escaladent ses murailles.

Déjà neuf des défenseurs du *Panaïoti* ont succombé. Bisson, tout couvert de sang, accourt vers Trémintin qui se battait vaillamment à tribord :

— Ces brigands, dit-il, sont maitres du navire ; la cale et le pont en sont remplis ;

c'est là le moment de terminer l'affaire.

L'équipage décimé se défendait encore. Bisson engage Trémintin à faire se jeter à la mer ce qu'il en reste ; puis :

— Adieu, pilote, je vais tout finir !

Une minute après le brick sautait..., « et la France comptait un héros de plus ! »

La marine française est féconde en pareils actes. En perpétuer la mémoire serait, de la part de nos ports de guerre, un devoir impérieux ; mais non ! on y professe pour nos grands hommes de mer la plus complète indifférence.

A Lorient, pas un nom, pas un souvenir ! Les rues, ces musées populaires, s'ouvrent aux appellations les plus insignifiantes, les plus ridicules. La Bove, la Plaine, la rue Traversière, la rue de l'Union, la rue du Commerce, la rue des Vases, la rue d'Orléans, — où un de mes vieux amis de bord a jeté l'ancre sur un bon fond, — Ah ! les stupides noms ! Que veulent-ils dire ? Que rappellent-ils ?

Et, faute d'une inscription, tant de marins glorieux tombent dans l'oubli !

Jadis il y avait, à Lorient, la rue Duguay-Trouin, la place Bisson ; aujourd'hui la place Bisson reste seule consacrée à la marine et si on enlevait le bronze qui la décore, demain peut être on l'appellerait la place des Halles ou du Pont-Carré !

La même indifférence attriste dans l'arsenal maritime, — un immense arsenal construit par la compagnie des Indes.—J'y cherche en vain un souvenir de tant de périls, de tant de courage, de tant de gloire...

> Pas une voix qui me réponde,
> Que le bruit plaintif de cette onde,
> Où l'écho réveillé des débris d'alentour !

Ah ! pardon, j'oubliais trois trophées de nos récents combats maritimes, trois magnifiques canons de bronze conquis à Alger, à Obligado, à Saint-Jean-d'Ulloa.

Ces pièces, sur leurs socles de granit, attestent la grandeur de l'Espagne — il y a un siècle. Par une singulière coïncidence, elles furent coulées toutes les trois sous le règne de Philippe V, — ce triste petit-fils de Louis XIV qui n'eût pas même la consolation de pouvoir abdiquer sa lourde couronne !

Et les voilà, ces fiers canons, avec leurs armes en relief, leurs sculptures monumentales, — eux, la force, l'orgueil, la terreur de deux continents, — les voilà qui singent la colonne Vendôme, en face du banc où se pêchent les huîtres délicieuses de Penn'-manet !

CLÉMENT-JANIN.

---

(330) — Typ. A. Grange.

www.ingramcontent.com/pod-product-compliance
Lightning Source LLC
LaVergne TN
LVHW012129170726
843501LV00008BC/3080